Los ríos de la Tierra

Bobbie Kalman

Crabtree Publishing Company
www.crabtreebooks.com

Creado por Bobbie Kalman

Para Bev, con quien compartí mi primer viaje de regreso a Budapest
¡Nunca olvidaré nuestros años de diversión en Nassau y Europa!

Autora y editora en jefe
Bobbie Kalman

Investigación
Robin Johnson

Editora
Kathy Middleton

Investigación fotográfica
Bobbie Kalman
Crystal Sikkens

Diseño
Bobbie Kalman
Katherine Kantor
Samantha Crabtree (portada)

Coordinadora de producción
Katherine Kantor

Técnica de preimpresión
Margaret Amy Salter

Consultor lingüístico
Dr. Carlos García, M.D., Maestro bilingüe de Ciencias, Estudios Sociales y Matemáticas

Consultor
Joel Mercer,
ex director del Departamento de Geografía,
Galt Collegiate Institute

Ilustraciones
Barbara Bedell: página 15
Katherine Kantor: páginas 7, 9, 22
Jeannette McNaughton-Julich: página 19

Fotografías
© Dreamstime.com: página 5 (inferior), 19 (inferior)
21 (inferior izquierda), 24 (superior izquierda), 25 (superior), 27 (superior)
© iStockphoto.com: página 23 (superior, excepto recuadro)
© ShutterStock.com: portada y contraportada, página de título, páginas 3, 4, 5 (superior), 6, 7, 8, 9, 10, 11, 12, 13, 14, 15, 16, 17, 18, 19 (superior), 20, 21 (excepto inferior izquierda), 22, 23 (recuadro e inferior), 24 (inferior), 25 (inferior), 26, 27 (inferior), 28 (inferior izquierda), 29 (inferior), 30, 31
Otras imágenes de Digital Vision

Traducción
Servicios de traducción al español y de composición de textos suministrados por translations.com

Library and Archives Canada Cataloguing in Publication

Kalman, Bobbie, 1947-
Los ríos de la tierra / Bobbie Kalman.

(Observar la tierra)
Includes index.
Translation of: Earth's rivers.
ISBN 978-0-7787-8239-1 (bound).--ISBN 978-0-7787-8256-8 (pbk.)

1. Rivers--Juvenile literature. I. Title. II. Series: Observar la tierra

GB1203.8.K3418 2010 j551.48'3 C2009-902437-3

Library of Congress Cataloging-in-Publication Data

Kalman, Bobbie.
[Earth's rivers. Spanish]
Los ríos de la tierra / Bobbie Kalman.
p. cm. -- (Observar la tierra)
Includes index.
ISBN 978-0-7787-8256-8 (pbk. : alk. paper) -- ISBN 978-0-7787-8239-1 (reinforced library binding : alk. paper)
1. Rivers--Juvenile literature. I. Title. II. Series.

GB1203.8.K3516 2010
551.48'3--dc22

2009016810

Crabtree Publishing Company
www.crabtreebooks.com 1-800-387-7650

En Canadá: Agradecemos el apoyo económico del gobierno de Canadá a través del programa *Book Publishing Industry Development Program* (Programa de desarrollo de la industria editorial, BPIDP) para nuestras actividades editoriales.

Publicado en Canadá
Crabtree Publishing
616 Welland Ave.
St. Catharines, Ontario
L2M 5V6

Publicado en los Estados Unidos
Crabtree Publishing
PMB16A
350 Fifth Ave., Suite 3308
New York, NY 10118

Publicado en el Reino Unido
Crabtree Publishing
White Cross Mills
High Town, Lancaster
LA1 4XS

Publicado en Australia
Crabtree Publishing
386 Mt. Alexander Rd.
Ascot Vale (Melbourne)
VIC 3032

Contenido

¿Qué es un río?

Un **río** es una corriente de agua que va de un lugar a otro. Generalmente, los ríos fluyen de lugares más altos a lugares más bajos. En su recorrido, llevan **agua dulce** a las plantas, los animales y las personas. El agua dulce no contiene mucha sal. Los ríos también mueven la tierra y le dan forma. En el planeta hay ríos muy grandes. ¿Qué río es el más cercano a tu casa?

Esta niña lleva agua de un río a su casa.

Estos niños están en el ***margen*** *de un río. El margen es la orilla del río. Un ciervo ha llegado al río a beber agua. Muchos animales encuentran agua y alimento en los ríos.*

*Las plantas que hay en el agua en la imagen de arriba crecen en el **lecho** del río. El lecho es el fondo de un río.*

*Los ríos fluyen en **cauces**. Los cauces son surcos que los ríos crean en la tierra. Esta imagen muestra un río visto desde un avión. El río corre por un cauce que hay en la tierra.*

De principio a fin

El **nacimiento** de un río es el lugar donde empieza. La **desembocadura** es el lugar donde termina. Los ríos cambian entre el nacimiento y la desembocadura. Muchos ríos son empinados y angostos en el nacimiento. Bajan por las montañas en forma irregular y veloz. Forman **rápidos** con saltos. Los rápidos son partes rocosas y poco profundas del río donde las **corrientes** son muy fuertes y rápidas. Algunos ríos caen sobre rocas empinadas en **cascadas**.

Estos niños descienden en balsa por los rápidos de un río.

Cada vez más lento

A medida que los ríos se alejan de su nacimiento, se vuelven más anchos y menos empinados. Serpentean lentamente sobre la tierra en grandes curvas llamadas **meandros**.

*Las **cabeceras** son pequeños arroyos que se unen y forman un río. Estos arroyos ahora son parte de un río.*

nacimiento

cascada

afluente

*Un **afluente** es un río pequeño que llega a un río más grande.*

meandro

afluente

delta (tierra)
(ver página 11)

estuario (agua)
(ver página 10)

desembocadura del río

océano

Ríos y lagos

Cerca del nacimiento de un río, el agua está limpia. A medida que fluye, recoge ***limo****. El limo está hecho de diminutos pedazos de roca o tierra.*

La mayoría de los ríos nacen en colinas o **montañas**. Una montaña es una zona de tierra rocosa muy alta y empinada. Algunas montañas tienen **glaciares**. Un glaciar es una enorme masa de hielo que se mueve lentamente. Cuando los glaciares se derriten, el agua baja por las montañas en forma de ríos. La lluvia y la nieve también se vuelven parte del agua de río.

El final

Los ríos fluyen cuesta abajo sobre la tierra. Finalmente, la mayoría de los ríos llega a un **océano** o a un **lago**. Un océano es una enorme zona de **agua salada**. Un lago es una gran masa de agua dulce totalmente rodeada por tierra.

El lago más grande

Muchos ríos llegan a lagos. El lago Baikal de Rusia es el lago más antiguo del mundo. También es el lago más profundo y más grande. Seis ríos grandes y más de 330 ríos pequeños llegan al lago Baikal. Los ríos nacen en las montañas alrededor del lago.

Los Grandes Lagos

Los Grandes Lagos son los lagos Superior, Hurón, Erie, Ontario y Michigan. Cuatro están en la frontera entre Canadá y los Estados Unidos. El lago Michigan está solamente en los Estados Unidos. Los Grandes Lagos se conectan entre sí por ríos y **canales**. Los canales son cursos de agua hechos por personas. El canal de San Lorenzo es un sistema de canales y **esclusas** que conecta los Grandes Lagos con el océano Atlántico. Se muestra en este mapa.

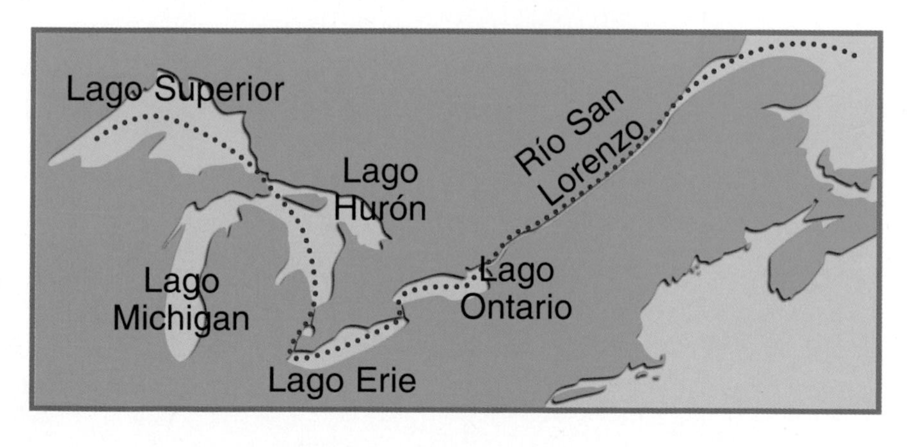

El canal de San Lorenzo permite que enormes buques viajen desde el océano Atlántico hasta los Grandes Lagos. La línea punteada roja muestra el canal. Se llama así por un río. ¿Cuál?

Ríos que llegan al océano

Al final, los ríos fluyen suavemente por tierras planas hasta su desembocadura. En la desembocadura, algunos ríos se vuelven parte del océano. Los ríos que llegan al océano pueden formar **estuarios**. Los estuarios son zonas con agua **salobre**. El agua salobre tiene agua dulce de río y agua salada de océano.

En los estuarios viven muchas plantas y animales. Las aves van a los estuarios en busca de alimento.

Deltas de río

Algunos ríos crean **deltas** cuando llegan a un océano o a un lago. Un delta es una gran zona lodosa en la desembocadura de un río donde el río se divide en muchos cauces. Los deltas están formados por tierra y arena que los ríos **depositan** en sus desembocaduras. Muchos deltas tienen forma de triángulo.

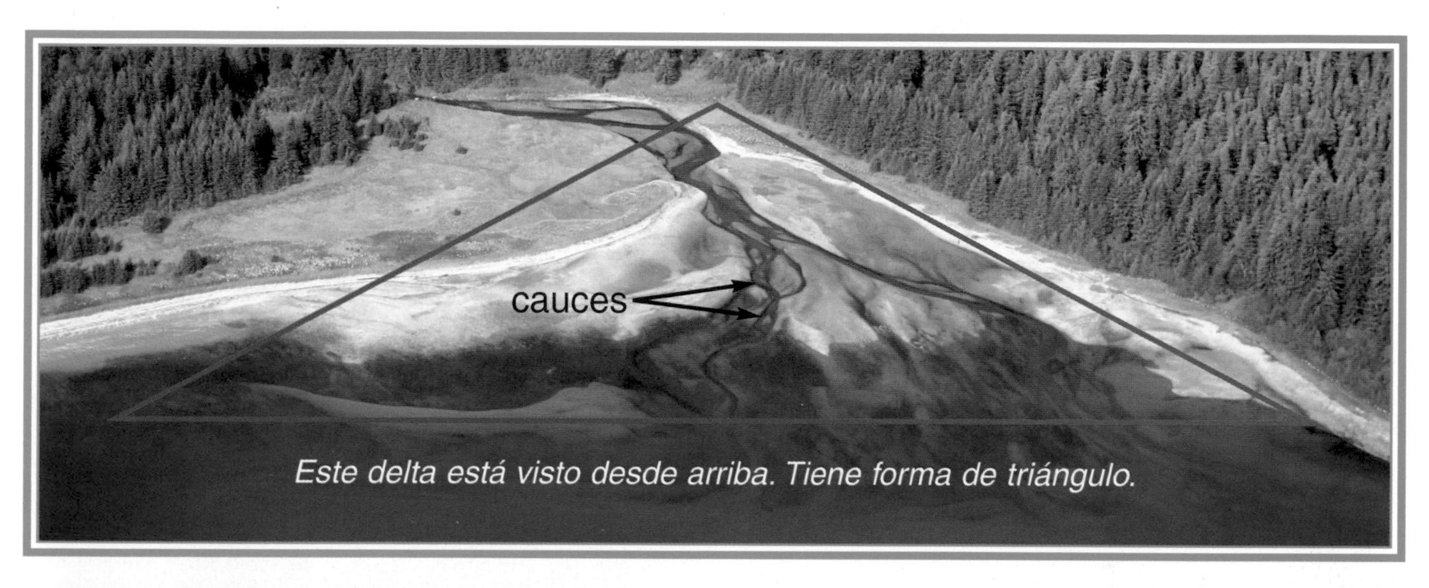

Este delta está visto desde arriba. Tiene forma de triángulo.

La tierra que el río arrastró y depositó creó el suelo entre estos dos cauces.

Las plantas crecen bien en el suelo del delta. Estos caballos encuentran muchos pastos para comer en el delta de un río.

Dar forma a la tierra

Los ríos llevan agua dulce fresca desde las montañas. También llevan rocas, piedras, tierra y arena que recogen en el trayecto.

La tierra se desgasta

Las rocas arrastradas por los ríos rebotan y chocan contra el fondo y los lados del río. Arrancan pedazos de tierra. Con el tiempo, la tierra que rodea los ríos se **erosiona**. Erosionar significa desgastar.

Este río arrastró rocas.

Cañones y valles

Algunos ríos **cavan** o forman **valles** en la tierra. Un valle es una zona baja de tierra en medio de tierras más altas. Algunos ríos cavan enormes **cañones**. Un cañón es un valle profundo con laderas empinadas.

El río Colorado formó el Gran Cañón.

Cuevas subterráneas

Algunos ríos fluyen debajo de la tierra y pueden formar **cuevas**. Las cuevas son zonas abiertas debajo de la tierra. Un río subterráneo de México serpentea por 95 millas (153 km) de cuevas.

En esta cueva corre un río.

Parte del ciclo del agua

Los ríos terminan cuando llegan a un océano o a un lago, pero el agua que llevan nunca deja de moverse. Es parte del **ciclo del agua**. El ciclo del agua es el movimiento del agua hacia el cielo y de vuelta a la Tierra. El agua sube hasta el cielo en forma de **vapor de agua**. El vapor de agua es un gas del aire. El agua vuelve a caer a la Tierra en forma de lluvia o nieve.

Arriba se ve la niebla entre los árboles. Las gotitas de agua en la niebla y la neblina se convierten en vapor de agua y suben muy alto en el aire.

El agua de un río está en estado líquido.

Cambios y movimientos

El aire cálido que sube lleva el vapor de agua hacia el cielo. En lo alto del cielo, el vapor se enfría y forma nubes. El agua cae de las nubes en forma de lluvia o nieve. Cae en los ríos. Parte del agua penetra en el suelo y entre las rocas, y se convierte en **agua subterránea**. El agua subterránea también fluye hacia los ríos. Los ríos llevan el agua de lluvia, la nieve derretida y el agua subterránea hacia lagos y océanos.

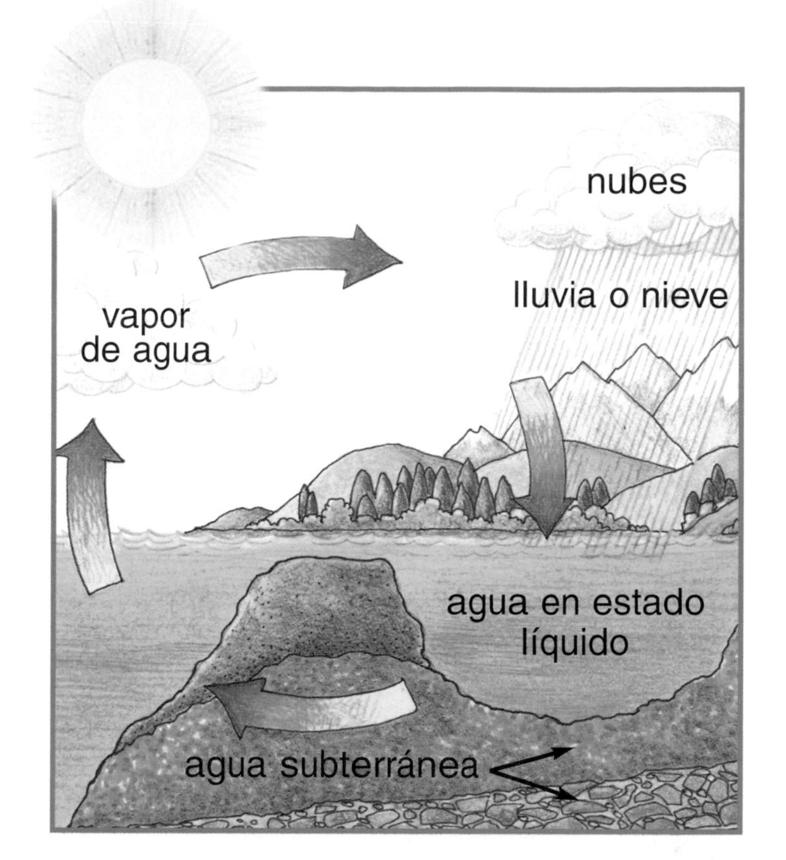

El agua subterránea está en el suelo o entre rocas.

El sol derrite el hielo y la nieve de las cimas de las montañas. El hielo y la nieve se convierten en agua en estado líquido. El agua corre hacia los ríos y luego hacia los lagos.

Agua para los seres vivos

Las raíces de estos árboles obtienen agua de un río.

Todos los seres vivos necesitan agua. Necesitan agua para vivir, crecer y estar sanos. Las plantas absorben agua por las **raíces**. Las raíces son la parte de las plantas que están bajo la tierra o bajo el agua. Muchas plantas crecen en los ríos o en sus orillas.

Agua para los animales

Los animales que viven en la tierra también necesitan agua. Necesitan beber agua dulce. El agua dulce no tiene mucha sal y se puede beber.

Agua para las personas

Los ríos también llevan agua dulce a las personas. El agua de los ríos llega a una casa por tuberías y llaves. Antes, es purificada.

Los animales con sed beben agua fresca de los ríos. Estos elefantes beben agua en un río. También usan el agua para bañarse y refrescarse.

Esta niña bebe agua de una llave en un parque. El agua viene de un río.

Los granjeros usan agua de los ríos para regar las ***cosechas*** *o plantas cultivadas para comer.*

Hábitats de río

Muchos animales viven en **hábitats** de río. Los hábitats son los lugares naturales donde los animales viven. Muchos tipos de peces viven sólo en ríos y lagos de agua dulce. Otros animales, como ranas, tortugas y patos, viven en ríos y en sus márgenes. Otros animales van a los ríos para refrescarse, buscar alimento y beber agua dulce.

Este oso atrapó un salmón en un río.

Algunas tortugas y ranas viven en ríos. Buscan alimento en el agua y en los márgenes de los ríos.

Construcción de diques

Los castores construyen **diques** en ríos y arroyos. Estos diques tienen paredes de troncos, palos y lodo. Los construyen para reducir la velocidad del agua y crear profundos **estanques**. Los estanques son lagos pequeños con aguas quietas. Los castores construyen sus hogares en los estanques.

Los castores trabajaron mucho para construir este dique. Construirán su madriguera en el estanque.

Las personas y los ríos

Las personas también construyen diques. Construyen diques grandes y fuertes en los ríos para controlar su flujo. Algunos diques se usan para crear **embalses** o lagos artificiales. Las personas de pueblos y ciudades obtienen agua dulce de los embalses. Otros diques se usan para generar **energía hidroeléctrica**. La energía hidroeléctrica es electricidad que se genera con agua que cae. Enumera en qué formas usas electricidad en tu casa.

Este dique forma un gran embalse de agua dulce. También genera energía hidroeléctrica.

Barcos en el río

Las personas viajan y transportan productos por los ríos. Usan barcos para ir de un lugar a otro. Las **barcazas** son barcos que **transportan** o llevan productos por ríos grandes. Los **transbordadores** transportan personas, automóviles y productos por ríos. Las balsas, las canoas y otros barcos pequeños se usan para viajar, hacer deportes o divertirse.

Este niño aprende a remar en kayak.

Las personas de esta casa flotante pueden viajar sin salir de su hogar.

Esta barcaza lleva productos por el río Misisipi.

Esta mujer vende frutas y verduras en su barco.

Este transbordador lleva automóviles y personas.

Los ríos más largos

Hay ríos en todos los **continentes** excepto en la Antártida. Un continente es una zona de tierra inmensa. Los continentes que tienen ríos son: América del Norte, América del Sur, Europa, África, Asia, y Australia y Oceanía. Algunos de los ríos más largos del mundo se muestran en este mapa.

El río Nilo está en África. Es el río más largo del mundo. Cruza El Cairo, en Egipto.

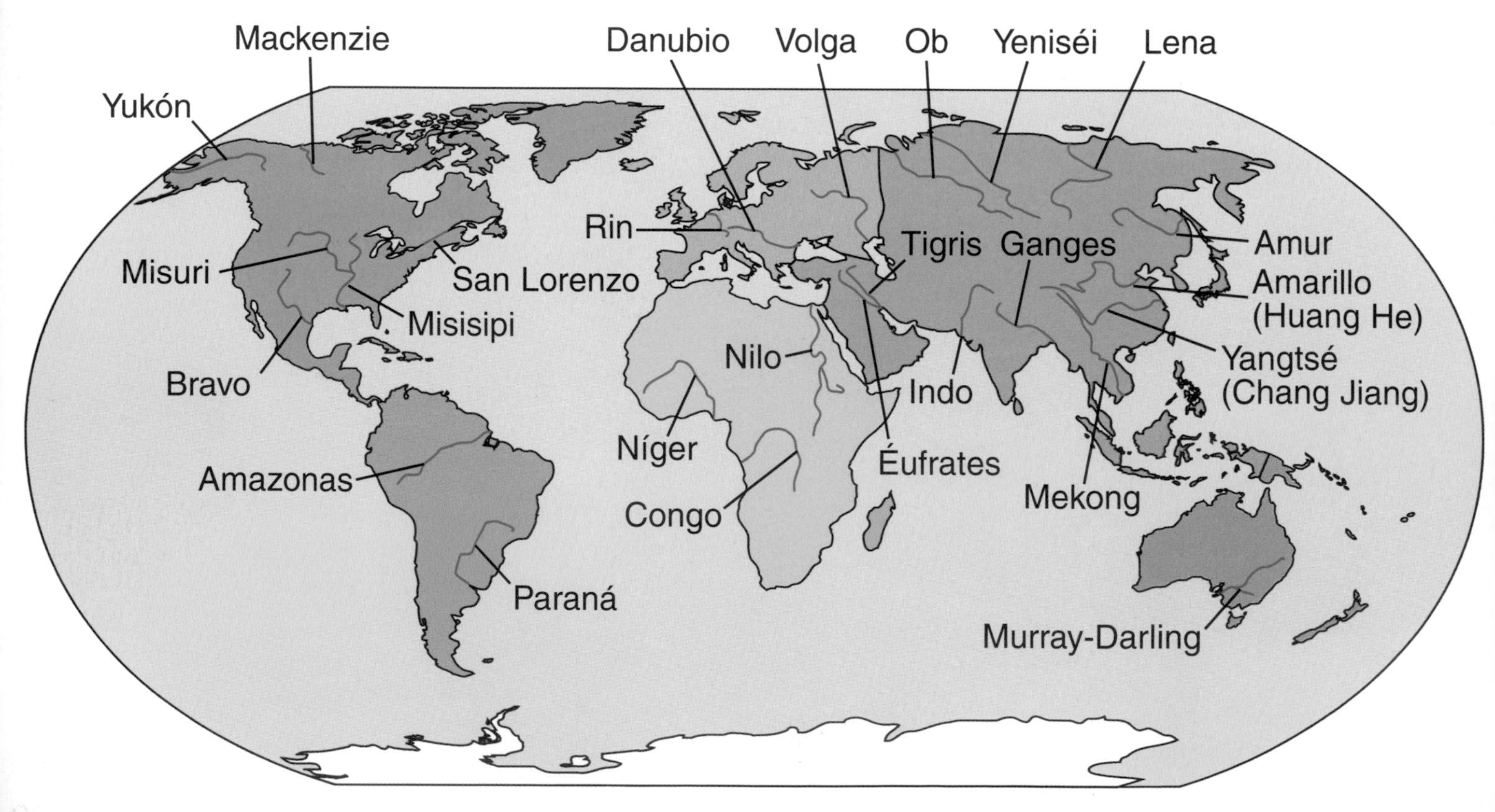

El río más grande

El río Amazonas está en América del Sur. Es el segundo río más largo del mundo, pero es el más grande de todos. Por él fluye casi un quinto del agua de río del mundo. Millones de clases de plantas y animales viven en este increíble río y en el **bosque tropical** del Amazonas. El río Amazonas cruza este enorme bosque.

Este mono vive en el bosque tropical del Amazonas.

Río Amazonas

El río Yangtsé de China es el río más largo de Asia. Es el tercer río más largo del mundo. Este hombre pesca en el río Yangtsé.

Más ríos grandes

Nizni Nóvgorod es una ciudad rusa a orillas del río Volga, donde se encuentra con el río Oká.

El río más largo de Europa es el Volga. Está en Rusia. El segundo río más largo de Europa es el Danubio. Cruza algunas de las ciudades más hermosas de Europa, como Viena y Budapest. El río más largo de Australia es el Murray-Darling.

Esta ciudad es Budapest, la capital de Hungría. Está en las márgenes del río Danubio.

La cuenca Murray-Darling está formada por los ríos Murray y Darling. Juntos, los dos ríos forman el río más largo de Australia.

El río Misuri es el río más largo de América del Norte. Es un afluente del río Misisipi, el segundo río más largo. Este viejo barco está en el Misisipi. Lleva personas en excursiones por el río.

El río Yukón está en Alaska y en el noroeste de Canadá. Es el cuarto río más largo de América del Norte.

El río San Lorenzo conecta los Grandes Lagos con el océano Atlántico. Es un río muy importante. Esta imagen muestra el río frente a la ciudad de Montreal.

Poca agua, mucha agua

Estos elefantes han ido a un río a beber agua. Escarban en la arena para encontrar agua, pero se ha secado.

La mayoría de los ríos del mundo tienen agua todo el año, pero algunos están secos parte del año. Los ríos se secan en las **sequías**. Las sequías son largos períodos en los que no llueve o llueve muy poco. Cuando los ríos se secan, para las personas, los animales y las plantas es difícil conseguir el agua que necesitan.

Las crecidas

Otros ríos pueden tener demasiada agua. Cuando hay demasiada agua en un río, este se desborda y provoca **inundaciones**. Las inundaciones son cantidades enormes de agua que cubren la tierra. Las lluvias fuertes o la nieve que se derrite demasiado rápido a veces causan inundaciones. Las inundaciones pueden hacer que la tierra sea más **fértil** para la agricultura, pero también pueden causar muchos daños a edificios, automóviles y terrenos.

Los granjeros necesitan inundar los campos para cultivar arroz.

*Una **llanura aluvial** es una zona de tierra plana junto a un río. Suele estar cubierta por agua de inundaciones. El agua lleva limo a la tierra. El limo hace que las llanuras aluviales sean buenas para el cultivo.*

Algunas inundaciones ayudan al hombre, la mayoría son desastres. Las personas pierden casas, automóviles e incluso a sus familias. En 2008, siete estados de los Estados Unidos se inundaron cuando los ríos se desbordaron.

*El **calentamiento global** puede ser la causa de algunas inundaciones. A medida que la Tierra se calienta, más hielo se derrite en los polos Norte y Sur. Esta agua va a los ríos. Los ríos se desbordan e inundan la tierra.*

Proteger nuestros ríos

Los ríos son importantes para todos los seres vivos, pero muchos ya no son seguros. Los ríos del mundo ahora están **contaminados** o sucios. Cuando los ríos están contaminados, en ellos ya no pueden vivir animales ni plantas. Tampoco se puede beber el agua. Sin agua dulce para beber, los seres vivos no pueden sobrevivir. Muchos peces de los ríos contaminados mueren.

Las fábricas suelen construirse cerca de un río. Usan el agua para hacer productos. Pero muchas también arrojan ***sustancias químicas*** *al río. Las sustancias químicas son venenos peligrosos para los seres vivos.*

Las personas usan ***pesticidas*** *en jardines y campos. Los pesticidas son sustancias químicas que matan insectos. Cuando llueve, las sustancias químicas peligrosas terminan en los ríos. También pueden matar a otros seres vivos.*

¡Mantén los ríos limpios!

Las personas deben trabajar juntas para proteger los ríos. ¡Tú también puedes ayudar! Pide a tus padres que dejen de usar sustancias químicas que envenenan los ríos. Recoge la basura que veas cerca de los ríos. Nunca arrojes cosas que puedan dañar los ríos. El agua de los ríos fluye, alimenta y da vida en la Tierra. Pide a otros que te ayuden a cuidarla.

Estos niños recogen basura de un río. Ayudan a mantener limpio el río que está cerca de su casa.

Cada uno de nosotros debe cuidar los ríos para asegurarnos de tener agua limpia en el futuro.

Ríos de diversión

A las personas les gusta visitar los ríos o vivir cerca de ellos. Estar cerca de un río nos hace sentir bien. Nos gusta caminar por la orilla, nadar, pintar cuadros, pescar, pasear en barco y bucear con esnórquel en los ríos. Las cascadas son muy populares. Las personas viajan desde muy lejos para ver cascadas famosas, como las cataratas del Niágara.

Estos niños van a refrescarse debajo de estas frescas cascadas.

Las cataratas del Niágara son dos enormes cascadas. Son las cataratas Americanas y Horseshoe. Las dos son parte del río Niágara. El río crea una frontera entre Canadá y los Estados Unidos. Fluye entre los lagos Erie y Ontario.

Toda la familia se divierte en un paseo en canoa.

Esta niña fue a bucear con esnórquel en un río.

¡A estas mariposas también les gustan los ríos!

¿Qué tipo de pez podría atrapar este niño?

Los ríos inspiran hermosas obras de arte.

Palabras para saber

Nota: algunas palabras en negrita se definen cuando aparecen en el libro.

agua dulce (el) Agua que no contiene mucha sal y se puede beber

agua salada (el) Agua que contiene mucha sal

agua subterránea (el) Agua que está en el suelo

bosque tropical (el) Bosque tupido que recibe mucha lluvia

calentamiento global (el) Aumento constante de temperatura del aire y el agua de la Tierra

canal (el) Curso de agua hecho por personas que conecta dos zonas de agua como ríos

cascada (la) Caída empinada de agua en un río o arroyo

continente (el) Una de las siete enormes regiones de tierra del planeta

corriente (la) Movimiento del agua en una dirección determinada

depositar Poner en un lugar piedras, arena, tierra u otros materiales

desembocadura (la) Lugar donde un río termina

energía hidroeléctrica (la) Energía que se genera con el agua que cae y que las personas usan para iluminación, calefacción y funcionamiento de máquinas

esclusa (la) Lugar cerrado sobre el agua que permite subir o bajar un barco

fértil Una tierra es fértil cuando en ella crecen muchas cosechas

nacimiento (el) Lugar donde un río empieza

sustancia química (la) Sustancia natural o hecha por personas que puede ser perjudicial para los seres vivos.

Índice

Impreso en China — CT